KOUAME SHAKESPEARE

DIEU D'ABORD

KOUAME SHAKESPEARE

DIEU D'ABORD

Éditions Croix du Salut

Imprint
Any brand names and product names mentioned in this book are subject to trademark, brand or patent protection and are trademarks or registered trademarks of their respective holders. The use of brand names, product names, common names, trade names, product descriptions etc. even without a particular marking in this work is in no way to be construed to mean that such names may be regarded as unrestricted in respect of trademark and brand protection legislation and could thus be used by anyone.

Cover image: www.ingimage.com

Publisher:
Éditions Croix du Salut
is a trademark of
Dodo Books Indian Ocean Ltd. and OmniScriptum S.R.L publishing group

120 High Road, East Finchley, London, N2 9ED, United Kingdom
Str. Armeneasca 28/1, office 1, Chisinau MD-2012, Republic of Moldova, Europe
Printed at: see last page
ISBN: 978-620-6-16862-1

KOUAME Shakespeare

DÉDICACE

MON DIEU TOUT-PUISSANT
PASTEUR JAURES KABLANTCHI

REMERCIEMENTS

Votre soutien et engagement ont été essentiels dans la réalisation de ce projet. C'est pourquoi je tiens à exprimer ma profonde gratitude à tous ceux qui ont contribué.

Je remercie mon Dieu pour la force et le degré de sagesse qu'il m'a accordés.

Un remerciement spécial à mes parents, amis et connaissances pour leur soutien constant.

À mon pasteur, papa JAURES KABLANTCHI, je suis reconnaissant pour son soutien régulier, ses encouragements et ses prières.

Je tiens également à exprimer ma reconnaissance à la communauté VASES D'HONNEUR, en particulier à l'Assemblée Miracle des Nations, au plus profond de mon cœur, je vous suis reconnaissant.

Que l'Eternel nous guide sur le droit chemin !

AVANT-PROPOS

En ces pages, s'épanouissent les mots qui célèbrent l'infini sacré, un recueil de poèmes, humble offrande à la divinité. À travers ces vers, nous explorons l'amour de Dieu, douce lumière, qui guide nos vies, dissipant nos doutes et nos mystères. Le service à Dieu, joyeux fardeau, noble dessein, est la voie qui nous mène vers la sérénité et la paix. Dans chaque poème, la bonté divine se dessine et resplendit, tel un phare éclairant notre route, dans la nuit. Ces vers sont une prière, une méditation, un chant, élevés vers les cieux, portés par le vent. Que chaque mot soit une offrande, une louange sincère, à l'Amour Divin, source d'une joie infinie.

À travers ces poèmes, que chacun puisse contempler, la grâce de Dieu, qui ne cesse de nous envelopper. Que ces vers soient un doux murmure à l'oreille du ciel, un écho de notre foi, une réponse à l'appel. Que chacun trouve en ces lignes un réconfort dans la foi en Dieu, dans son amour si fort. Puissent ces poèmes être un souffle, un abri, dans les cœurs de ceux qui les lisent, une mélodie. Que chaque lecteur ressente la présence du Tout-Puissant dans ces poèmes, offerts humblement, sincèrement. Que ces mots soient des éclats de lumière, dans les cœurs de ceux qui les lisent, une prière. Puissent ces vers être une douce mélodie, célébrant l'Amour qui comble notre vie. Que chacun, en les lisant, trouves-en son cœur, la paix, la joie, et la grâce du Seigneur. Que ce recueil soit une humble offrande, à l'Éternel, source de grâce abondante. Que chaque lecteur, à travers ces pages, trouve en Dieu, force, paix, et courage. Que la lumière de Dieu brille en ces vers, éclairant nos vies, dissipant les hivers. Que chaque poème soit une douce prière, portant l'écho de l'Amour Divin, lumière. Que ce recueil soit une humble invitation, à contempler la grandeur de la création. À servir Dieu, dans l'humilité, à vivre dans l'amour et la vérité.

PREFACE

Bienvenue dans cet espace sacré de contemplation et de réflexion. Ce recueil de poèmes religieux est une invitation à explorer les profondeurs de la foi, à méditer sur la spiritualité et à célébrer la beauté de la relation entre l'âme et le divin.

Les poèmes qui composent ces pages ont émergé d'une quête intérieure, d'une recherche de sens et de compréhension au sein de la lumière éternelle de la spiritualité. Chacun d'eux est une expression poétique d'amour, de dévotion, et parfois même de lutte, capturant les différentes nuances de la relation entre l'humanité et le sacré.

À travers ces vers, je partage les moments de grâce, les questionnements profonds et les élans du cœur qui ont jalonné mon propre voyage spirituel. C'est avec humilité que je les présente, dans l'espoir qu'ils puissent résonner avec les cœurs de ceux qui cherchent, qui doutent, qui prient, et qui espèrent.

Que ces poèmes servent de guide et d'inspiration pour ceux qui cherchent à approfondir leur connexion avec la transcendance. Puissent-ils être une source de réconfort dans les moments sombres, une célébration dans les moments de joie, et une méditation dans les moments de calme.

Que chaque vers soit une prière silencieuse, une louange humble, et une expression sincère du lien intemporel entre l'âme et le sacré.

L'ouvrage **DIEU D'ABORD** est un signe de reconnaissance envers mon Dieu Tout-puissant, pour ce qu'il fait dans nos vies, j'invite chacun de nous à me rejoindre pour célébrer notre Seigneur car il le mérite.

Puissant pour ce qu'il accomplit dans nos vies, j'invite chacun de nous à se joindre à moi pour célébrer notre Seigneur, car il le mérite.

DIEU D'ABORD n'est pas simplement un livre chrétien, mais s'adresse à toute personne qui croit en l'Éternel Dieu et l'a choisi comme Sauveur.

A PROPOS DE L'AUTEUR

KOUAME Kouakou Albert son nom à l'Etat Civil, Shakespeare est un écrivain, infographiste imprimeur et monteur-vidéo. Originaire de Niamien-Mingue (KATIENOU) sous-préfecture de Tiemelekro. Il a fait ses études primaires dans DUDIT village et a poursuivi ses études secondaires au Lycée Municipal de Tiemelekro. Après son obtention du baccalauréat en série A2, KOUAME Shakespeare rejoint l'École Technique Informatique et Commerciale (ETIC) dans laquelle il obtint son Brevet de Technicien Supérieur option Communication Visuelle. Il est l'auteur principal du livre **''ENCRE NOIRE''** et auteur participant du livre collectif dénommé **''LES VERSETS DE LA NOUVELLE AFRIQUE : LE CRI DU CŒUR DE LA JEUNESSE AFRICAINE POUR LE REVEIL DE L'AFRIQUE''.**

Amoureux d'Ecriture, KOUAME décrète l'entièreté de son existence dans ce domaine.

GLOIRE A TON NOM 1

En toi, ô Dieu, résident les étoiles éternelles,
Ton amour infini, en nos âmes, étincelle.
Dans l'univers des cieux, nous trouvons notre
abri, Bénissant chaque jour, ton nom,
Ô Saint Esprit.

Ta grâce inonde nos vies, comme une douce
pluie, Éclairant notre chemin, ô lumière infinie.
Dans chaque aurore nouvelle, ton œuvre se
déploie, Bénissant chaque cœur qui vers toi se
déploie.

Ton amour est l'étoile, qui guide nos destins,
La nuit de l'incertitude, il est notre chemin.
Bénis soient tes bienfaits, ô Dieu, notre berger,
Qui veille sur nous tous, à chaque instant, à
chaque hiver.

Que ton nom soit béni, ô Créateur suprême,
Dans le vaste univers, il résonne et nous sème,
Des graines de lumière, d'amour et de pardon,
Dans le cœur de chacun, ô Dieu, notre Raison.

Que chaque jour soit une offrande, une louange,
À toi, Dieu éternel, qui surpasse tout ange.

Que nos vies soient tissées de tes fils d'or,
Bénissant l'humanité, ô Dieu, pour toujours.

ADORATION

Je t'adore mon Dieu,
Je te bénis mon seigneur,
Que ton nom soit glorifié.

Je n'ai ni de l'or pour rebâtir ton royaume
Je n'ai ni de l'argent pour te construire
un château
Je n'ai ni de la nourriture pour te servir
Même si j'en ai, tu n'en as pas besoins de ces
matériels

Pour cela, je t'offre ma voix pour t'adorer
Comme tu nous le recommande dans tes livres
saints

Je te chanterai de tout cœur,
Je te louerai,
Je bénirai toujours ton nom jusqu'à la fin
du monde

L'ENFER

Lieu de peine, de souffrance,
De déplaisir, et de tristesse,
Je ne veux n'y aller dans cet endroit de
désappointement.

Cet endroit désagréable, animé par le feu, et sa
chaleur inimaginable suivi des cris de détresse
et de peine, je ne veux pas y aller.

Eternel, mon Dieu, j'ai les bras ouverts !
Libère moi de mes péchés,
Délivre-moi mon seigneur.

Je te confie ma vie, restaure-moi !
Car je ne veux pas demeurer dans ce monde
des méchants,
Mon Dieu, tu es mon refuge,
Accorde-moi ta bonté.

RECONNAISSANCE DU SAINT ESPRIT

Ne savant rien de la vie,
Marchant aveuglement comme une chèvre
perdue dans un village voisin.

Perdu spirituellement, j'avais perdu l'espoir
de vivre
Ne connaissant pas la voie spirituelle, j'étais vide
de sens,
Que des rêves diaboliques,
Que des cauchemars démoniaques.

Lorsque j'ai connu l'Eternel mon Dieu, tout va à
merveille,
Mon Seigneur m'a enfin sauvé !

Je te remercie mon Dieu pour cet amour
inconditionnel,
Je t'adore avec allégresse, car à toi seul
appartienne l'adoration.

Merci pour ta grâce,
Je proclamerai ton nom, je te glorifie,
Car tout est de toi, et par toi et pour toi.

LA FORCE DIVINE

DIEU !
Le miséricordieux, Dieu de l'invisible,
Dieu du silence, de paix et d'amour,
Dieu, le donateur philanthrope,
Le maître de tous les maîtres.

J'ai besoins de ta force
J'ai besoins de ta présence dans ma vie
J'ai besoins de ta puissance

Donne-moi la force pour t'adorer !
Donne-moi la force pour te louer !
Car tu le mérites.

L'auteur de tous les livres saints,
Que ma voix parvienne jusqu'à toi !
Tu es ma soif.

LE PARADIS

Jardin merveilleux remplit de bénédiction
Bondé de belles fleurs, de la belle nature

Une terre riche sur laquelle pousse l'arbre de la
vie, où existe la science du bien, et du mal,
Nous bannissons l'arbre du mal pour une vie rose
en permanence.

Waouh que c'est beau !
Ce jardin dénommé Eden aussi Jannah
Une terre de récompense des bienveillants du
monde, où nous irons habiter éternellement,
Sans souffrance ni bataille,
Sans peine ni crainte.

Je rêve vraiment ce lieu paisible,
Cet adorable cadeau de fin de tous les maux,
Je le rêve, impatient de le découvrir.

LA PUISSANCE DIVINE

Je ne crains rien,
Car j'ai tout confié à mon Dieu,
Il m'a accepté et façonné ma vie.

Mon seigneur m'a enveloppé par sa puissance,
Je n'ai donc pas peur de quiconque,
Parce que ma vie est entre les mains de
mon Dieu
Mon seigneur n'est pas un Dieu d'intermédiaire
ni un Dieu de doute

J'ai confiance à mon Dieu car il ne m'a jamais
trahit, il est la vie,
Le début et la fin de toute chose.
Mon Dieu est inchangeable et irremplaçable
En un mot, il est éternel.

A MON DIEU

A toi mon protecteur, mon bouclier,
A toi mon espoir, mon seigneur.

Depuis que je t'ai connu,
Mes détracteurs veulent me détruire,
Ils refusent d'entendre ton nom dans ma bouche,
Parce que tu es un Dieu d'amour, capable de me transformer dans tous les sens de ma vie.

Et comme ils ne veulent pas mon succès,
Ils veulent tout faire pour que j'oublie ton nom,
Ils me font souffrir pour que je sois découragé de toi, et que j'arrête de prononcer ton nom.

Ils cherchent à me conduire dans leur temple,
Grâce à ta puissance, je suis invincible.

Mon seigneur !
Ces malfaiteurs ont pris le contrôle
de ma famille,
Je me mets sur mes genoux, les bras en l'air,
Je réclame plus ta puissance.
Je te confie ma famille,
Soit le guide de ma famille.

Libère nous dans ce clan de ces malfaiteurs
Que ton nom soit glorifié
Et que ton règne résiste.

Amen !

L'AMOUR DE DIEU

L'amour de Dieu diffère grandement
de l'amour hypocrite,
Souvent rencontré entre les humains.
Il transcende les limites de notre amour terrestre,
éphémère.

C'est par cet amour généreux que nous obtenons
le pardon,
Il apaise nos querelles, réconforte nos cœurs et
régénère nos énergies.

Grâce à cette affection infinie,
Dieu nous comble ses bénédictions infinies,
Nous revigore et nous assure la vie éternelle,
Malgré nos multiples péchés.

Cet amour est, a toujours été, et sera pour
l'éternité, le pilier fondamental de notre
existence.

Dans un geste d'une générosité
incommensurable,
Dieu a offert son fils unique pour nous sauver.
Alors pourquoi ne pas suivre l'exemple de notre
seigneur ?

Au début : "Dieu a tant aimé le monde qu'il a donné son fils unique, afin que quiconque croit en lui ne périsse point, mais qu'il ait la vie éternelle".

GLOIRE A TON NOM 2

Je magnifie ton nom, ô Dieu éternel,
Car tu ne voulais pas que je me perde dans le
tumulte des pécheurs.
Tu m'as sauvé des griffes de ces malfaisants,
me délivrant de l'abîme de l'insipidité.

Je crie vers toi, ô Dieu éternel !
Par le précieux sang de ton fils unique,
Tu m'as racheté, me couvrant de ta grâce
Et de ton amour bienveillant.
Tu m'as restauré, créant en moi une personne
nouvelle.

Par ta grâce souveraine, tu m'as investi d'une
puissance infinie.
"Je publierai ton nom parmi mes frères, je te
célébrerai au milieu de l'assemblée". Ps 22V22

Permets-moi de vivre pour que je puisse
témoigner devant cette grande assemblée,
Donne-moi les mots pour les convaincre de
suivre ta voie.
Car je proclamerai ton nom éternellement, toute
la gloire te revient, c'est toi mon protecteur.

DIEU, MON REFUGE

Détenteur de l'univers, Architecte l'homme,
Maître de mon esprit.

Guide-moi sur le chemin juste,
Sur la voie unique que tu as prescrite
Enveloppe-moi de ton amour pur.

Dirige mes pensées vers ta voie droite,
Car le diable convoite ma place dans ton
royaume, il cherche à détourner mon amour
pour toi.

Seigneur, mon Sauveur,
Inspire en moi une obsession pour ton amour,
Aide-moi à suivre tes commandements sans
hésitation.

Je reconnais que tes recommandations ne sont
pas compliquées,
Pourtant, j'ai du mal à leur obéir,
J'ai perdu de vue que tu es le seul vrai Sauveur.

J'ai laissé de côté l'obéissance filiale,
Préférant des rituels qui perturbent mon
sommeil,

Sous l'emprise de ces turpitudes,
J'ai perdu le goût de la vie, Aie pitié de moi,

Ô mon Dieu !
Libère-moi de cette existence fade,
Car j'ai abandonné mon engagement envers toi,
Mon Roi, Prends-moi dans tes bras aimants,
Seigneur.

PRIERE ET SALUT

Dans l'ombre douce de la prière, une lumière éclot,
Le cœur s'élève vers le ciel, embrassant chaque mot.
Les échos de l'âme résonnent, dans la quiétude du soir,
Dans la communion avec Dieu, naît l'espérance, le pouvoir.

Salut, ô douce grâce qui nous relie au divin,
Par le sang versé, par l'amour qui nous soutient.
Dans l'humilité du repentir, dans l'acceptation du salut, Nous trouvons la paix, la force, la vie en plénitude.

Dans la prière sincère, nos fardeaux sont allégés,
Les doutes s'évanouissent, les cieux sont dévoilés.
Nous marchons aux côtés du Christ, sous sa douce lumière,
Guidés par sa main, dans la joie, dans la prière.

Ô, douce prière, doux salut qui nous élève,
Dans l'étreinte du Christ, notre foi trouve sa trêve.

Dans l'union sacrée, dans l'éclat de la foi,
Nous trouvons le réconfort, la grâce qui éclaire notre émoi.

DES TÉNÈBRES À LA LUMIÈRE

Dans la quête d'une vie meilleure,
Cherchant le bonheur,
Je me suis égaré dans la forêt secrète, où des
roches renferment une promesse.
Un lieu mystérieux, chargé de sombres énergies,
Où j'ai cherché des réponses, sous des
cieux impies.

La rivière, muette, n'a rien ajouté à mon sort,
Mes espoirs échouant là, tels des vagues
sur un port.
Puis je me suis tourné vers le marabout
du quartier,
Qui, pour répondre à mes maux, voulait
un fils sacrifier.

Refusant ce sombre choix, ma vie bascula dans
la douleur, sans saveur, sans lumière, sans
aucune lueur.
Mais alors vint enfin le rédempteur,
Le Dieu d'amour, le suprême consolateur.

Il m'a façonné, m'a rendu nouveau,
M'a libéré des ténèbres, et guidé vers le monde
paisible.

Ô Sauveur, je ne saurai t'exprimer ma gratitude,
Toi qui es l'Amour, la bonté, la certitude.
Tu es la boussole, mon guide infatigable,
Qui m'oriente, m'élève, me préserve de l'instable.

LA CRAINTE

"Ne crains rien, car Je suis avec toi, J'entends et Je vois." (TA-HA 20:46)

Pourquoi crains-tu, digne fils de l'Éternel ?
Fils de l'infini miséricordieux, Fils du Créateur,
Transformateur universel,
Qu'as-tu à craindre au point d'hésiter sur ta vie ?

As-tu omis le passage dans la Sainte Bible qui
proclame : "Venez à Moi, vous tous qui êtes
fatigués et chargés, et Je vous donnerai du repos"
(Matt 11:28)
Sache que ton Dieu est unique, il détient la
solution à tous les problèmes.

Dans le besoin, n'hésite pas à te confier à lui,
L'Éternel est le juge et le libérateur du coupable,
il est amour.

Quelle que soit l'ampleur de ton problème,
remets-toi à l'Éternel Dieu, car Il est capable
de tout.
Dieu assure à l'humanité qu'il est présent,
Attentif à nos prières et conscient de nos besoins.

LA CONQUÊTE

Le Soldat du Christ n'arbore ni armes ni épées,
Il ne brandit ni bouclier ni lourdes arbalètes.
Sa force réside dans les mots sacrés de la Bible,
Sa protection, une prière sincère et inflexible.

Son épée est la Parole de Dieu, tranchante et claire,
Avec elle, il chasse les ténèbres, dissipe les mystères.

Les ennemis s'élèveront, menaçants et fiers,
Mais ne triompheront pas,
Car Dieu est notre repère.

Le Saint-Esprit nous guide, nous éclaire de sa lumière,
Dans l'adversité, Il est notre force, notre bannière.
Bien qu'armés jusqu'aux dents, nos ennemis frapperont en vain.

L'Éternel est notre bouclier, notre refuge divin.
Offrons-Lui nos vies, en toute humilité, en toute tendresse. Nous trouverons notre allégresse

SERVONS L'ETERNEL

Dans l'œuvre du Seigneur, point n'est besoin de richesse, pour témoigner sa largesse.
Son activité est pure, empreinte de bienveillance,
Partager sa parole, c'est semer la bienfaisance.

L'or et l'argent sont Sien, ils lui appartiennent,
Notre service sincère, Il le voit, il l'entretient.
Sa bonté est infinie, son amour inaltéré,
Servons l'Éternel, en Lui, soyons ancrés.

Évangélisons nos proches, montrons-leur la lumière, le chemin de la grâce, la voie du salut,
Que nos actes et nos mots soient un témoignage sincère, sa gloire en tout lieu prospère.

LA PROTECTION DIVINE

Les larmes persistent, aujourd'hui, elles reflètent
le désespoir,
À cette heure, certaines âmes sont en détresse,
Un désastre a frappé, c'est le soir.

Pourtant, pourquoi ne pas exprimer gratitude
envers ton Dieu pour Sa protection infinie ?
Il te garde, t'entoure, tel un escargot dans sa
coquille, loin des tourments de la vie.

Dieu est notre refuge, un abri sûr et solide,
Il apaise nos chagrins, et en nos cœurs,
Sa grâce réside.

Sous Son aile bienveillante, nous trouvons notre
défense, contre les maux, les dangers,
Il nous garde en Sa présence.

Notre bouclier, notre rempart, en prière et
louange, restons près de Lui,
Jamais, Il ne nous abandonnera, c'est Sa
promesse, aujourd'hui et en tout temps,
ainsi soit-il.

LE MONOTHÉISME

’’ c’est le seigneur ton Dieu, que tu adoreras, et à lui seul tu rendras un culte’’

Matt 4, 10

J’ai obéit à cette recommandation
Une recommandation aussi simple pour avoir la vie éternelle

Je reconnais ta souveraineté sur toutes les formes
et sur l'univers tout entier que tu gouvernes.
C'est pourquoi je t'ai choisi comme mon refuge,

"C'est Toi seul que nous adorons, et c'est Toi seul que nous implorons pour du secours"

(Sourate Al-Fatiha, 1, 5).

Je me place dans l'attente de ton miracle,
Ma confiance est placée entièrement en Toi,
ô Éternel Dieu.".

LE POLYTHÉISME

L'homme, l'homme à plusieurs pratiques,
L'homme de désir, Acteur du scénario terrestre.

Qu'est-ce que tu as encore comme prétexte pour
contrer la parole de ton créateur ?
D'où viens-tu pour ne pas obéir aux lois qui nous
ont été prescrite dans les livres saints ?

Dans l'ombre des idoles, l'âme erre égarée,
Multiples divinités, dans l'air, sont proférées.
Statues de bois, de pierre, objets d'adoration,
Éclipsent la splendeur de la vraie création.

Les dieux en mille formes, aux noms multiples
et vains,
Dans le tumulte humain, s'égarent les destins.
Chacun invoque sa divinité suprême,
Dans un concert discordant, l'âme se perd
en thème.

Mais dans ce dédale d'erreurs et d'illusions,
Brille l'Unique étoile, source des révélations.
Au-delà des idoles, dans la clarté d'un astre,
Se trouve le vrai Dieu, l'Alpha et l'Oméga.

Il n'est point de panthéon, ni de cultes dispersés,
L'Unité règne en maître, en elle tout est versé.
Abandonnons les idoles, les faux dieux du passé,
Pour l'Unicité suprême, la lumière enlacée.

En Son nom, l'Univers entier prend vie et sens,
Dans l'Unicité divine, l'âme trouve sa cadence.
Adorons l'Unique Dieu, cœur pur, esprit concis,
Ainsi le polythéisme s'évanouit, anéanti.

L’AMOUR DU PROCHAIN

Vertu consistant à vouloir le bien d’autrui
par amour,
Un amour qui est aussi recommandé dans les
saints livres,
Un amour unique qui peut rendre tout un peuple
en une seule famille,
Cet amour mérite d’être enseigné partout où nous
nous retrouverons.

Dans les temples comme dans les rues
Dans les écoles comme dans les hôpitaux
Car c’est cet amour qui nous fait rapprocher de
notre seigneur
Aimons-nous les uns, les autres comme Dieu
nous aime

Aidons-nous les uns, les autre car ’’Dieu aide
son serviteur tant que son serviteur aide son
frère’’.
Il nous demande toujours de ‘’s’entraidez dans la
pitié et la crainte’ ’Sourate table servie (5) V2

Aidons-nous les uns, les autres

Cultivons la paix et l'amour du prochain dans notre quotidien pour que la grâce de Dieu nous succombe.

Amen ! Amina !

LA FOI

Ferme assurance, chemin de la vie, fondement du monde,
Je laisse derrière ma dureté pour un cœur
ouvert à toi,
Pour le salut de mon âme, je désire quitter cette
vie désagréable.

En Toi, source du fondement du monde, je place ma confiance,
Car à travers toi, ma voix peut atteindre
le Sauveur.

Avec Toi, ma peur se transforme en force,
Car Tu me guides vers mon Seigneur.

J'abandonne le doute pour accueillir la
confiance,
Mon ignorance cède la place à la croyance.
Je rêve de vivre dans ce paradis éternel,
Et je perds mon cœur humain pour un cœur
guidé par le Saint-Esprit.
La foi, la croyance, la voie de mon Éternel Dieu.

LUMIERE DIVINE

Dans l'azur céleste où nul nuage ne s'égare,
La Lumière Divine éclaire, douce et rare.
Elle danse parmi les étoiles, pure et éthérée,
Emplissant l'univers d'une grâce éclairée.

Elle chante aux âmes perdues dans la nuit,
Guidant leurs pas incertains vers l'infini.
Elle murmure des hymnes d'amour et de paix,
Dans le silence, son éclat ne faiblit jamais.

Ses rayons embrassent la terre et les cieux,
Faisant briller l'éclat des cœurs pieux.
Elle dissipe les ombres, chasse les tourments,
Offrant aux âmes l'abri du divin firmament.

La Lumière Divine, douce mélodie du ciel,
Révèles-en chaque être un trésor essentiel.
Elle chante l'harmonie, l'amour et la clarté,
Dans ses bras, nos âmes trouvent la félicité.

Sous son égide bienveillante, tout s'éveille,
La nature, les hommes, la vie qui dévoile,
La splendeur d'un monde où règne la vérité,
Sous le doux regard de la Lumière Éternité.

L'AURORE DE LA FOI

L'Aurore de la foi, doux murmure qui soulève !
Elle chasse les ombres, dissipe les tourments,
Éclairant nos chemins, de ses rayons ardents.

Ses teintes d'or et de rose embrasent l'horizon,
Symphonie céleste, douce mélodie en fusion.
Elle danse avec grâce, sur les voiles du ciel,
Offrant à nos âmes un éclat éternel.

Dans son doux réveil, tout semble possible,
Les rêves s'épanouissent, l'espoir est indicible.
Elle murmure aux cœurs, des promesses d'amour,
Guidant nos pas incertains vers un avenir
toujours.

L'Aurore de la foi, douce étoile du matin,
Éveille en nous la flamme, le divin, l'humain.
Elle chante l'espoir, berce notre sommeil,
Nous rappelant toujours que rien n'est jamais
pareil.

Alors, laissons-nous guider par sa douce lueur,
L'Aurore de la foi, source de tant de ferveur.
Elle nous mène à la vie, à l'amour, à la paix,
Dans la clarté du jour, elle éclaire nos faits.

L'ÉCLAT DE L'ESPERANCE

Dans l'obscurité des jours, une lueur apparaît,
Comme un astre lointain, une étoile de paix.
Elle perce les ténèbres, brille avec assurance,
C'est l'éclat de l'espoir.

Elle danse dans nos cœurs, comme une mélodie,
Porteuse de promesses, d'une vie embellie.
Elle murmure des mots, doux comme la rosée,
Réconforte nos âmes, dans l'aube embrasée.

Elle nourrit nos rêves, les fait grandir en nous,
Comme un jardin secret, où fleurit l'espérance douce.
Elle nous guide sur le chemin, éclairant l'obscurité,
Nous montrant le chemin vers la félicité.

Elle inspire nos pas, nous pousse à avancer,
Même quand tout semble sombre, qu'on veut abandonner.
Elle nous dit que demain, la lumière brillera,

Que l'espoir est notre force, qu'il ne nous trahira pas.

Elle brille dans les yeux des âmes qui espèrent,
Dans les sourires tendres, les gestes qui libèrent.
Elle est cette étincelle, ce feu qui réchauffe,
Dans le cœur de chacun, elle trouve son ébauche.

L'éclat de l'espérance, doux baume de l'âme,
Guide nos pas incertains, apaise nos drames.
Elle est le phare lointain, dans l'océan de la vie,
Nous montrant le chemin, vers l'infini de l'infini.

LA PRESENCE DIVINE

Dans le souffle du vent, dans le murmure des rivières,
Je sens ta présence, ô source de lumière.
Dans le doux chant des oiseaux, dans le frisson des étoiles,
Je perçois ton amour qui enveloppe nos voiles.

Ton essence infinie, douce comme une brise,
Remplit mon cœur d'émoi, dans cette douce liesse.
Dans le silence de l'aube, dans l'éclat du crépuscule,
Je te sens près de moi, dans un élan qui module.

Tu es là, dans chaque battement de mon cœur,
Dans l'éclat du matin, dans la douceur de l'ardeur.
Ton amour m'entoure, comme un doux écrin,
Dans chaque moment, je sens ton souffle divin.

Dans le tendre sourire d'un enfant qui s'émerveille,
Dans la chaleur d'une main qui tend l'oreille,
Je trouve ta présence, ô douce harmonie,
Dans chaque parcelle de vie, dans chaque mélodie.

Tu es le souffle qui anime mon être,
La lumière qui guide mes pas vers la fenêtre.
Dans la douce caresse du vent qui m'effleure,
Je ressens ton amour, en chaque heure.

Dans l'ombre de la nuit, dans l'éclat du jour,
Je sens ta présence, ô doux et tendre amour.
Tu es là, tout autour, en chaque parcelle de vie,
Dans l'infini de l'infini, toujours, à l'infini.

LE CHEMIN DE LA GRACE

Sur le chemin de la grâce, nos pas s'entrelacent,
Dans l'écrin des étoiles, nos rêves prennent place.
Les cieux nous sourient, l'amour nous enlace,
Dans ce doux ballet, l'âme trouve sa trace.

Les ombres s'évanouissent, sous la lueur céleste,
Dans ce doux éclat, tout semble être en fête.
La grâce nous enveloppe, tendre et modeste,
Dans le doux murmure du vent, nos cœurs se
mettent.

Chaque pas est béni, chaque souffle est sacré,
Sur le chemin de la grâce, tout est bien ordonné.
Les épreuves se transforment, en leçons
bienveillantes,
Dans l'éclat de la grâce, l'âme est apaisée.

La lumière éclaire nos cœurs assombris,
Dans la douceur de la grâce, nos âmes
fleurissent.

Les étoiles dansent, les cieux sont embellis,
Sur le chemin de la grâce, nos vies
s'embellissent.

Que chaque aurore soit un doux éveil,
Dans le jardin de la grâce, que l'amour nous
conseille.
Que chaque crépuscule soit un doux sommeil,
Sur le chemin de la grâce, que la paix nous
accueille.

L'HARMONIE DES CROYANCES

Dans le jardin des croyances, fleurissent mille couleurs,
Des pétales d'amour, tissés par mille cœurs.
Chacune, une étoile, dans l'immense univers,
Chantant l'harmonie, brisant les frontières.

Les prières se mêlent, comme une douce symphonie,
Chacune, une note, dans l'orchestre de la vie.
Les visages différents, témoignent de l'infini,
De l'unité des âmes, dans la grande mélodie.

Les textes sacrés, comme les pages d'un livre,
S'entrelacent en un, sans qu'aucune n'enivre.
Chacun apporte sa lumière, son éclat, son givre,
Dans l'union des récits, le message se délivre.

Les prophètes, les saints, les sages et les guides,
Sont autant de phares, dans l'obscurité du vide.

Chaque voie éclaire, chaque enseignement guérit,
Dans l'union des âmes, la lumière nous guide.

Car au-delà des mots, des rites, des coutumes,
Réside l'essence pure, où toute lueur s'allume.
L'unité des cœurs, une douce habitude,
Dans l'harmonie des croyances, l'amour se présume.

Que nos différences soient une source de richesse,
Que nos cœurs s'ouvrent à l'autre, qu'ils connaissent.
Dans l'union des religions, que l'amour nous enlise,
Que chaque âme trouve en elle la paix, la sagesse.

DES TÉNÈBRES À LA LUMIÈRE DE LA FOI

Au cœur des idoles, j'ai erré, égaré,
Dans l'illusion vaine, je me suis égaré.
Sous l'ombre des statues, j'ai cherché la clarté,
Dans l'idolâtrie, mon âme s'est égarée.

Ô Dieu tout-puissant, dans ta miséricorde,
Éclaire ma route, brise ces chaînes lourdes.
Du culte des statues, je te prie, délivre,
Dans la lumière divine, que mon cœur découvre.

J'ai voulu toucher les étoiles d'argile,
Mais j'ai trouvé la nuit, la froide immobilité.
Dans le silence des idoles, dans leur silence
hostile,
Je me suis perdu, dans l'obscurité.

Ô toi, Dieu suprême, toi l'infini, l'éternel,
Entends le cri de mon âme, l'appel universel.
Dans l'abîme des erreurs, dans le culte artificiel,
Guide-moi vers la vérité, vers l'essentiel.

Brise ces chaînes d'argile, libère mon esprit,
De l'idolâtrie, fais-moi sortir, me conduire au paradis.
Dans la lumière céleste, que je trouve mon abri,
Dans l'amour de Dieu, dans sa grâce infinie.

Ainsi le poème condamné, repentant,
S'éloigne des idoles, vers Dieu tout-puissant.
Dans la foi en l'unique, dans l'amour grandissant,
Il trouve sa paix, son refuge, son élan vibrant.

LA CRAINTE DE L'INFINI

Devant l'immensité, mon cœur s'agenouille,
Dans l'ombre de l'infini, mon âme oscille.
La crainte de Dieu, comme une étoile qui brille,
Guide mes pas, éclaire ma vie, la dévoile
.

Sous le ciel étoilé, je me sens si petit,
Face à l'océan du divin, je m'abandonne, je prie.
La crainte de Dieu, comme un doux chant de la nuit,
M'invite à l'humble soumission, à l'harmonie.

Devant la grandeur de l'univers, je frissonne,
Dans le souffle du Créateur, mon être résonne.
La crainte de Dieu, comme une douce ivresse, un doux automne,
M'enveloppe de grâce, de sérénité, de douce couronne.

Sous le poids de l'infini, je trouve ma place,
Dans la crainte de Dieu, je découvre la grâce.

La crainte de Dieu, comme une tendre caresse, une douce embrasse,
M'ouvre les portes du céleste, vers l'infini, vers l'espace.

Dans la crainte de Dieu, je trouve ma lumière,
Face à sa majesté, mon âme s'offre, sincère.
La crainte de Dieu, comme une douce rivière,
M'abreuve de paix, de foi, de douce prière.

Ainsi, dans la crainte de Dieu, je trouve mon repos,
Dans l'amour du divin, je découvre mon trésor.
La crainte de Dieu, comme un doux écho,
M'accompagne dans la vie, me guide, m'implore.

LE SOLDAT DE LA LUMIERE

Dans l'aube naissante, sur le champ de bataille,
Le soldat de Christ avance, sans faille.
Son armure est faite de foi et d'amour,
Son épée est la parole, son bouclier le secours.

Il porte l'étendard de la vérité,
Dans les ténèbres, il apporte la clarté.
Son cœur est fort, sa foi inébranlable,
Il combat le mal, son âme est intouchable.

Il n'est pas seul, le Seigneur est à ses côtés,
Dans chaque bataille, dans chaque défi relevé.
Son courage vient de la grâce divine,
Son espérance est pure, sa détermination digne.

Il protège les faibles, il défend les opprimés,
Il apporte la paix, là où règne la tempête.
Sa mission est noble, sa vocation sacrée,
En soldat de Christ, sa vie est complète.

Il porte dans son cœur l'amour du prochain,
Il tend la main, soulageant les chagrins.
Son humilité est sa plus grande force,

Son humilité est sa plus grande source.

Le soldat de Christ, dans sa foi inflexible,
Est une lumière, un phare dans le visible.
Il marche dans l'ombre, guidé par la grâce,
Son héritage est la vie, dans l'éternité qui passe.

UNION INTERRELIGIEUSE

Au-delà des montagnes, sous le vaste ciel étoilé,
Se dessine une toile tissée de foi et de vérité.
Dans chaque cœur, une flamme, une lueur d'éternité,
Qui guide nos pas, nous unissant dans la clarté.

Oh, frères et sœurs de toutes les croyances,
Écoutons la voix des anciennes alliances.
Dans les mots sacrés, une mélodie s'élève,
Célébrant l'amour, le pardon, et la grâce qui s'achève.

Loin des querelles, des ombres et des désaccords,
S'éveille en nous le doux chant de l'accord.
Nos prières, tels des ruisseaux, convergent en un fleuve,
Où se mêlent les vœux, où nos cœurs trouvent asile.

Le Dieu unique veille, tendre et bienveillant,
Il entend nos prières, il guide nos chemins.
Sous mille visages, Il est source d'unité,
Dans l'écrin des religions, Il appelle à l'harmonie.

Que nos temples deviennent des refuges sacrés,
Où l'âme s'élève, où l'amour est révélé.
Que nos prières s'entrelacent, unissant les cieux,
Tissant la trame d'un monde où règne la paix des cieux.

Ensemble, élevons nos voix, main dans la main,
Tissant des liens d'amour, brisant les chaînes du chagrin.
Que la lumière de l'unité brille en nos regards,
Dans l'étreinte des religions, trouvons l'éternel égard.

PRÉDICTION ACCOMPLIE

Ne remarques-tu pas que le monde est en train de sombrer ?
As-tu oublié les paroles du Seigneur ?
Je te le rappelle :

Je te mets en garde car les jours deviennent sombres.
Des faux prédicateurs se lèveront, et beaucoup seront trompés,
Trahissant et se haïssant les uns les autres.

De nombreux faux prophètes surgiront, séduisant un grand nombre de personnes.
À mesure que l'injustice se propagera, l'amour de la plupart se refroidira.
Soyez vigilants face à ces imposteurs.
Ils se présentent comme des brebis, mais en réalité,
Ce sont des loups voraces.

Plusieurs viendront en mon nom, prétendant être le Christ,
Et ils égareront beaucoup de gens.
Avec l'augmentation de l'injustice, l'amour de la plupart se refroidira.

Faites attention, car des faux Christs et de faux prophètes surgiront,
Accomplissant des prodiges et des miracles impressionnants, cherchant à séduire,
Si possible, même les élus.
Soyons prudents, car la fin du monde approche.

LA QUETE DIVINE

J'ai pris acte de ta parole, J'ai combattu,
le cœur déployé,
Avec toute ma vigueur, ma bravoure, ma
détermination.
Me basant sur le passage qui me dit : 'tu
mangeras à la sueur de ton front',

La sueur a coulé abondamment,
J'ai tant essuyé mon front qu'il est devenu aussi
dur.
Mon Dieu, quel sera mon destin ?

Il est temps de me secourir,
J'ai besoin de ton soutien !
J'ai besoin de toi dans ma vie,
J'ai besoin de ta grâce.

Les bras tendus vers le ciel, le cœur béant,
Prends-moi, mon Dieu.
Fais de moi ton enfant, rends-moi heureux.

Mon Dieu, Mon Sauveur,
Tu es mon rempart.

Guide-moi selon ta volonté, et libère-moi des pécheurs.

PAROLE DU SEIGNEUR

Je suis le Seigneur, Je suis le Dieu,
Je suis Jéhovah, La terre m'appartient,
Le ciel est mon trône, la terre est mon temple

L'or et l'argent me reviennent, Je suis le Souverain du monde,
Les marabouts sont de ma lignée, car Satan provient de ma descendance.

Pourquoi m'oubliez-vous, mes chers enfants ?
Quelles urgences vous poussent à m'ignorer à ce point ?
Qu'est-ce qui vous empêche de me louer ?
Quel amour vous retient d'adorer ma divinité ?

Approchez-vous de moi, mes fils,
Ouvrez grand votre cœur,
Frappez à ma porte, Je vous offre l'opportunité de me connaître.
Je suis votre Dieu, l'Éternel."

Printed by Books on Demand GmbH, Norderstedt / Germany